Dina en el lodo

por Chloe Melania Hulcher

ilustrado por Amy Loeffler

Destreza clave Sílabas con *Dd*

Scott Foresman
is an imprint of

Dina despierta.

Dina danza.

Dina mira el lodo.

Dina danza.

Dina mira el lodo.

Dina salta en el lodo.

Mamá mira a Dina.

Anda a la tina, Dina.

Sólo mira el lodo, Dina.